BEI GRIN MACHT SICH IHR WISSEN BEZAHLT

AF126133

- Wir veröffentlichen Ihre Hausarbeit, Bachelor- und Masterarbeit

- Ihr eigenes eBook und Buch - weltweit in allen wichtigen Shops

- Verdienen Sie an jedem Verkauf

Jetzt bei www.GRIN.com hochladen und kostenlos publizieren

Das Rubikonmodell und Handlunskontrollstrategien nach Kuhl. Emotionen und Emotionsregulation

Bibliografische Information der Deutschen Nationalbibliothek:

Die Deutsche Nationalbibliothek verzeichnet diese Publikation in der Deutschen Nationalbibliografie; detaillierte bibliografische Daten sind im Internet über http://dnb.d-nb.de abrufbar.

ISBN: 9783346533135
Dieses Buch ist auch als E-Book erhältlich.

© GRIN Publishing GmbH
Nymphenburger Straße 86
80636 München

Druck und Bindung: Books on Demand GmbH, Norderstedt Germany
Gedruckt auf säurefreiem Papier aus verantwortungsvollen Quellen

Das vorliegende Werk wurde sorgfältig erarbeitet. Dennoch übernehmen Autoren und Verlag für die Richtigkeit von Angaben, Hinweisen, Links und Ratschlägen sowie eventuelle Druckfehler keine Haftung.

Das Buch bei GRIN: https://www.grin.com/document/1145397

SRH Fernhochschule – The Mobile University

Psychologie B.Sc.

Allgemeine Psychologie II

Einsendeaufgabe zum Thema:

Das Rubikonmodell und Handlunskontrollstrategien nach Kuhl.
Emotionen und Emotionsregulation.
Explizite und implizite Motive und Motivinkongruenz.

Abgabedatum: 16.06.21

Inhaltsverzeichnis

Abkürzungsverzeichnis

Aufl.	Auflage
Bd.	Band
d.h.	das heißt
ebd.	ebenda
Hrsg.	Herausgeber
vgl.	vergleiche
z.B.	Zum Beispiel

Abbildungsverzeichnis

1. Aufgabe A1

1.1. Das Rubikon-Modell

Das Rubikon-Modell der Handlungsphasen nach Heckenhaus und Gollwitzer (1987) versucht sowohl die Auswahl von Zielen als auch deren Realisierung zu unterscheiden.[1] So können Menschen zwar die nötigen Kompetenzen, die notwendig sind, um ein wichtiges Ziel zu erreichen, besitzen, aber sich trotzdem nicht zielgerichtet verhalten und andere Handlungen den zielführenden vorziehen.[2] Zielsetzung und Zielrealisierung, in der Motivationspsychologie spricht man hier von motivationalen und volitionalen Prozessen, müssen also klar voneinander unterschieden werden.[3]

Das Rubikon-Modell nennt vier Handlungsphasen, die bei der Zielverfolgung zu einer erfolgreichen Zielrealisierung von Bedeutung sind:[4] Die Phase des Abwägens (Prädezisionale Phase), die Phase des Planens (Postdezisionale Phase), die Phase des Handelns (Aktionale Phase) und die Phase der Bewertung (Postaktionale Phase).[5]

Die **Prädezionale Phase** findet vor der eigentlichen Handlung statt.[6] Menschen haben stets verschiedene, in Konkurrenz zueinander stehende Wünsche, Bedürfnisse und/oder Ziele, welche auf verschiedenen Motiven basieren.[7] In der

---

[1] Vgl. Achtziger & Gollwitzer, 2009, S. 150.
[2] Vgl. Bak, 2019, S.115.
[3] Vgl. Bak, 2019, S.115; Brandstätter, Schüler, Puca & Lozo, 2018, S. 143.
[4] Vgl. Brandstätter, Schüler, Puca & Lozo, 2018, 143; Strobach & Wendt, 2019, S. 54.
[5] Vgl. Achtziger & Gollwitzer, 2009, S. 150; Bak, 2019, S.115-116; Strobach & Wendt, 2019, S. 55.
[6] Vgl. Bak, 2019, S.115.
[7] Vgl. Bak, 2019, S.115.

Prädezionalen Phase werden Vor- und Nachteile der jeweiligen noch nicht realisierten Wünsche durchdacht.[8] Ebenso werden verfügbare Ressourcen und der Zeitaufwand jedes Ziels durchdacht, sowie mögliche Erschwernisse bei der Zielrealisierung berücksichtigt und auch mögliche Konsequenzen abgewägt.[9] Diese Phase wird in dem Moment beendet, in dem der Entschluss gefasst wird, dem Ziel tatsächlich nachzugehen (Zielintension), sich also dazu zu verpflichten, das Ziel anzugehen (Selbstverpflichtung).[10]

Die Planung des Ziels findet in der **Postdezisionalen Phase** statt.[11] Hier wird konkret überlegt, was zu einer erfolgreichen Zielrealisierung notwendig ist.[12] Es wird also entschieden, wann (z.b. welche Gelegenheiten), wo und wie (z.b. mit welchen Mitteln) das Ziel umgesetzt werden kann.[13] Diese Phase endet mit der Handlungsinitiierung.[14]

Konkrete Handlungen werden erstmals in der **Aktionalen Phasen** ausgeführt.[15] In dieser Phase wird demnach nach der in der vorherigen Phase festgelegten Zielplanung gehandelt, um das gesetzte Ziel zu erreichen.[16] Diese Phase endet mit der Einstellung zielführender Handlungen.[17]

In der **Postaktionalen Phase** werden sowohl die Auswirkungen der durchgeführten Handlungen bewertet, also auch der Erfolg der Zielerreichung evaluiert.[18] In dieser Phase wird also einerseits bewertet, in wieweit das Ziel erreicht wurde und entschieden, ob gegebenenfalls weitere Handlungen folgen müssen, um das Ziel zu realisieren.[19]

---

[8] Vgl. Achtziger & Gollwitzer, 2009, S. 150.
[9] Vgl. Bak, 2019, S.115-116.
[10] Vgl. Bak, 2019, S.116.
[11] Vgl. Strobach & Wendt, 2019, S. 54.
[12] Vgl. Achtziger & Gollwitzer, 2009, S. 150; Bak, 2019, S.115-116; Strobach & Wendt, 2019, S. 55.
[13] Vgl. Achtziger & Gollwitzer, 2009, S. 150.
[14] Vgl. Brandstätter, Schüler, Puca & Lozo, 2018, 143.
[15] Vgl. Achtziger & Gollwitzer, 2009, S. 150.
[16] Vgl. Bak, 2019, S.117.
[17] Vgl. Bak, 2019, S.117.
[18] Vgl. Achtziger & Gollwitzer, 2009, S. 150
[19] Vgl. Achtziger & Gollwitzer, 2009, S. 150; Bak, 2019, S.117.

1.2. Unterscheidung von Motivation und Volition anhand des Rubikon-Modells

Das Rubikon-Modell der Handlungsphasen unterscheidet motivationale und volitionale Prozesse, die kognitiven Unterschiede aufzeigen.[20] Hierbei werden die Prädezionale und die Postaktionale Phase den motivationalen Phasen zugerechnet, während die Postdezionale und die Aktionale Phase den volitionalen Phasen zugeordnet werden.[21]

In den motivationalen Phasen spielen Wert- und Erwartungserwägungen sowie Kausalattributionen eine Rolle.[22] Es wird also auf kognitiver Ebene überlegt, wie sich das Erreichen des Ziels auswirken wird beziehungsweise ausgewirkt hat und welche Erwartungen und Wünsche erfüllt werden würden beziehungsweise erfüllt wurden.[23]

Phasen mit volitionalem Charakter zeichnen sich besonders dadurch aus, dass das gewählte Ziel gewollt wird.[24] Hier spielen selbstregulative Prozesse eine Rolle, da beispielsweise mögliche Hindernisse oder Rückschläge in der planenden Phase berücksichtigt und später in der handelnden Phase gemeistert werden müssen, um das Ziel letztlich erreichen zu können.[25]

1.3. Die Handlungskontrollstrategien nach Kuhl

Um eine erfolgreiche Zielrealisierung zu erreichen, bedient sich der Mensch laut Kuhl (1983) sogenannten Handlungskontrollstrategien, um sich bei der Umsetzung des Ziels nicht durch attraktivere alternative Handlungen ablenken zu lassen.[26] Hierbei werden zwei Formen von Handlungskontrollstrategien unterschieden: präventive und interventionelle Strategien.[27]

---

[20] Vgl. Brandstätter, Schüler, Puca & Lozo, 2018, S. 143.
[21] Vgl. Strobach & Wendt, 2019, S. 55.
[22] Vgl. Brandstätter, Schüler, Puca & Lozo, 2018, S. 143.
[23] Vgl. Bak, 2019, S.116.
[24] Vgl. Bak, 2019, S.117.
[25] Vgl. Bak, 2019, S.116-117; Brandstätter, Schüler, Puca & Lozo, 2018, S. 143.
[26] Vgl. Brandstätter, Schüler, Puca & Lozo, 2018, S. 148; Goschke, 2016, S.264.
[27] Vgl. Goschke, 2016, S.267.

Präventive Strategien dienen der Vermeidung von Motivationskonflikten, während interventionelle Strategien in Situationen, in denen ein Motivationskonflikt besteht, helfen sollen, weiterhin den Fokus auf das Ziel zu behalten.[28] Kuhl führt hierbei verschiedene Strategien an, welche im Folgenden anhand eines Beispiels erklärt werden.[29]

Beispiel: Das Ziel ist eine Hausarbeit pünktlich abzugeben. Die konkurrierende Handlung ist Fernsehen.

Strategie	Beschreibung	Beispiel
Aufmerksamkeits-kontrolle	Aufmerksamkeit auf solche Information fokussieren, die für Zielrealisierung förderlich ist	In einem Konfliktgespräch in der Mimik des Gesprächspartners auf versöhnliche Signale achten
Enkodierungskontrolle	Solche Merkmale von Reizen abspeichern, die sich auf eine aktuelle Absicht beziehen	Bei einem Text nur die Inhalte abspeichern, die für das Referat relevant sind
Motivationskontrolle	Sich die positiven Anreize des Ziels vor Augen halten	An die schönen Seiten der Zielerreichung denken
Emotionskontrolle	Sich in einen emotionalen Zustand versetzen, der der Zielrealisierung zuträglich ist	Sich nach einem Misserfolg durch eine angenehme Aktivität emotional wieder aufrappeln
Umweltkontrolle	Aus seiner Umgebung ablenkende Reize entfernen	Das Handy ausschalten, um beim Lernen nicht gestört zu werden

Abbildung 1 Handlungskontrollstrategien (adaptiert nach Kuhl, 1983) (Quelle: Brandstätter, Schüler, Puca & Lozo, 2018, 149.)

Aufmerksamkeitskontrolle: Es handelt sich hierbei um eine interventionelle Strategie, bei der die Aufmerksamkeit auf Informationen fokussiert wird, die der Zielrealisierung förderlich sind.[30] Um die Aufmerksamkeit bewusst auf die Hausarbeit zu lenken, würde man sich bewusst auf die herumliegenden Lernmaterialien fokussieren und versuchen, den Fernseher beziehungsweise das Wohnzimmer auszublenden.

Enkodierungkontrolle: Bei dieser Strategie wird die Informationsspeicherung kontrolliert.[31] Man würde also beim Lesen von Texten versuchen nur jene Informationen abzuspeichern, welche für die Hausarbeit relevant wären.

Motivationskontrolle: Bei der Motivationskontrollstrategie wird der Fokus auf die positiven Anreize der Zielrealisierung gelenkt.[32] So würde man sich

---

[28] Vgl. Goschke, 2016, S.267.
[29] Vgl. Brandstätter, Schüler, Puca & Lozo, 2018, S. 149.
[30] Vgl. Goschke, 2016, S.268.
[31] Vgl. Brandstätter, Schüler, Puca & Lozo, 2018, S. 149.
[32] Vgl. Goschke, 2016, S.268.

möglichst lebhaft vorstellen, welche Belohnungen mit der pünktlichen Abgabe der Hausarbeit einhergehen. Kurzfristige Belohnungen (z.B. Entspannung), die aus dem Fernsehschauen resultieren würden, werden bewusst ausgeblendet.

Emotionskontrolle: Bei der Emotionskontrollstrategie wird versucht sich in einen zielfördernden emotionalen Zustand zu versetzen.[33] Bei unserem Beispiel könnte man sich beispielsweise bewusst machen, wie man sich fühlen würde, wenn man die Hausarbeit abgegeben hätte. Ebenso könnte man aber auch versuchen Emotionen, die mit konkurrierende Handlungen verbunden sind, herunterzuregulieren.

Umweltkontrolle: Die Umweltkontrolle ist eine präventive Handlungskontrollstrategie, bei der die Umgebung so angepasst wird, dass sie zielführend ist und konkurrierende Handlungen gar nicht erst ins Bewusstsein gerufen werden.[34] So wäre es bei unserem Beispiel sinnvoll sich den Arbeitsplatz so einzurichten, dass der Fernseher nicht in der Nähe steht.

---

[33] Vgl. Goschke, 2016, S.268.
[34] Vgl. Brandstätter, Schüler, Puca & Lozo, 2018, S. 149; Goschke, 2016, S.268.

2. Aufgabe A2

2.1. Was sind Emotionen?

Unter dem Begriff Emotionen versteht man bewusste, zeitlich begrenzte, situative Zustände, die Einfluss auf Verhalten und Erleben nehmen.[35] Laut Myers ist eine Emotion eine Reaktion des gesamten Körpers, welche drei Komponenten beinhaltet: eine physiologische Erregung, ein Ausdrucksverhalten und eine bewusste Erfahrung.[36] Die physiologische Komponente umfasst hierbei die körperlich-physiologischen Veränderung, wie hormonale und viszerale Erregungen.[37] Die bewusste Erfahrung (kognitive Ebene) ist hierbei das (subjektive) Emotionserleben, sowie deren Interpretaion.[38] Das Ausdrucksverhalten (motorische Ebene) meint schließlich das Verhalten aufgrund von Emotionen, darunter Mimik und Gestik.[39]

Emotionen können von Stimmungen und Gefühlen abgrenzt werden.[40] So sind Emotionen Gefühle mit affektiver, also einer bewertenden, objekt- oder ereignisbezogenen Komponente.[41] Stimmungen halten länger an als Emotionen und sind meist unspezifisch Gefühle mit affektiver Komponente.[42]

---

[35] Vgl. Bak, 2019, S.146-147; Strobach & Wendt, 2019, S. 51.
[36] Vgl. Myers, 2015, S. 496; Strobach & Wendt, 2019, S. 51.
[37] Vgl. Becker-Carus, Wendt & Lay, 2017, S. 540.
[38] Vgl. Becker-Carus, Wendt & Lay, 2017, S. 540.
[39] Vgl. Becker-Carus, Wendt & Lay, 2017, S. 540.
[40] Vgl. Bak, 2019, S.146; Strobach & Wendt, 2019, S. 51.
[41] Vgl. Bak, 2019, S.146-147.
[42] Vgl. Bak, 2019, S.146-147.

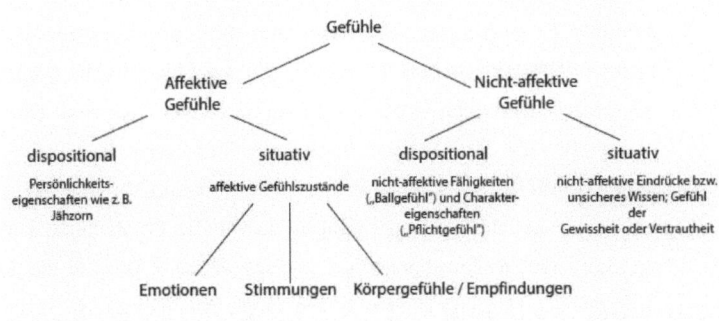

Abbildung 2 Differenzierung Gefühle. (Nach Mees 2006) (Quelle: Bak, 2019, S.147.)

2.2. Wie entstehen Emotionen?

Emotionen werden nicht ausschließlich durch außergewöhnliche Ereignisse, wie beispielsweise Naturkatastrophen, Unfälle oder andere kritische Umstände, ausgelöst, sondern auch durch alltägliche Situationen.[43] Mit unterschiedlichen Gegebenheiten gehen unterschiedliche Emotionen einher.[44] Beispielsweise empfinden wir, wenn wir Schimmel sehen, Ekel. Emotionen entstehen häufig in Interaktion mit unseren Mitmenschen.[45] So kamen Scherer et al. (1983) zum Schluss, dass sowohl negative als auch positive Emotionen besonders beim Knüpfen, Pflegen oder Verlust von sozialen Bindungen auftreten.[46] Ebenso können Emotionen auch unabhängig von der aktuellen Situation entstehen, nämlich aufgrund von Erinnerungen oder anderen Gedanken.[47] Aber auch bestimmte Tätigkeiten, wie beispielsweise ein erfüllendes Hobby, können Emotionen hervorrufen.[48] Außerdem kann eine Emotion durch Substanzen, darunter Drogen, Medikamente aber auch Getränke und Nahrungsmittel, herbeigeführt werden.[49]

---

[43] Vgl. Brandstätter, Schüler, Puca & Lozo, 2018, S. 173.
[44] Vgl. Bak, 2019, S.150.
[45] Vgl. Brandstätter, Schüler, Puca & Lozo, 2018, S. 173; Eder & Brosch, 2017, S.199.
[46] Vgl. Brandstätter, Schüler, Puca & Lozo, 2018, S. 173.
[47] Vgl. Brandstätter, Schüler, Puca & Lozo, 2018, S. 173.
[48] Vgl. Brandstätter, Schüler, Puca & Lozo, 2018, S. 173.
[49] Vgl. Brandstätter, Schüler, Puca & Lozo, 2018, S. 173.

Mit der Frage wie Emotionen entstehen beschäftigte sich bereits William James.[50] Er ging davon aus, dass instinktive, physiologische Reaktionen auf bestimmte Reize, wie beispielsweise Zittern, schließlich eine Emotion im Gehirn auslösen.[51] Demnach würden man Angst haben, weil man zittert, und nicht umgekehrt. Da der dänische Physiologe Carl Lange zu ähnlichen Schlüssen kam, wurde diese Kernannahme als James-Lange-Theorie der Emotion bekannt.[52] Gemäß der James-Lange-Theorie sind Emotionen die Wahrnehmung von körperlichen Reaktionen auf gewisse Reize.[53] Obwohl die James-Lange-Theorie noch heute die Emotionspsychologie beeinflusst (z.B. Facial-Feednback-Hypothese),[54] sprechen einige Befunde gegen diese Theorie.[55] So postulierten Cannon und Bard (Cannon-Bard-Theorie), dass die körperliche Reaktion und die emotionale Erregung zwar parallel, aber kausal unabhängig voneinander entstehen.[56] Kognitive Gefühlstheorien (darunter die Schachter-Singer-Theorie) nehmen dagegen an, dass eine kognitive Komponente körperliche Reaktionen als emotional einstufen muss, damit Emotionen entstehen.[57] Neuere Appraisal-Theorien gehen zudem davon aus, dass hierbei besonders auch die Einschätzung der individuellen Kontrollierbarkeit des Reizes/der Situation eine Rolle spielt.[58]

---

[50] Vgl. Strobach & Wendt, 2019, S. 52.
[51] Vgl. Becker-Carus, Wendt & Lay, 2017, S. 543.
[52] Vgl. Becker-Carus, Wendt & Lay, 2017, S. 544.
[53] Vgl. Bak, 2019, S.167.
[54] Vgl. Bak, 2019, S.167.
[55] Vgl. Strobach & Wendt, 2019, S. 52.
[56] Vgl. Becker-Carus, Wendt & Lay, 2017, S. 544.
[57] Vgl. Eder & Brosch, 2017, S.203-204; Strobach & Wendt, 2019, S. 52.
[58] Vgl. Strobach & Wendt, 2019, S. 52.

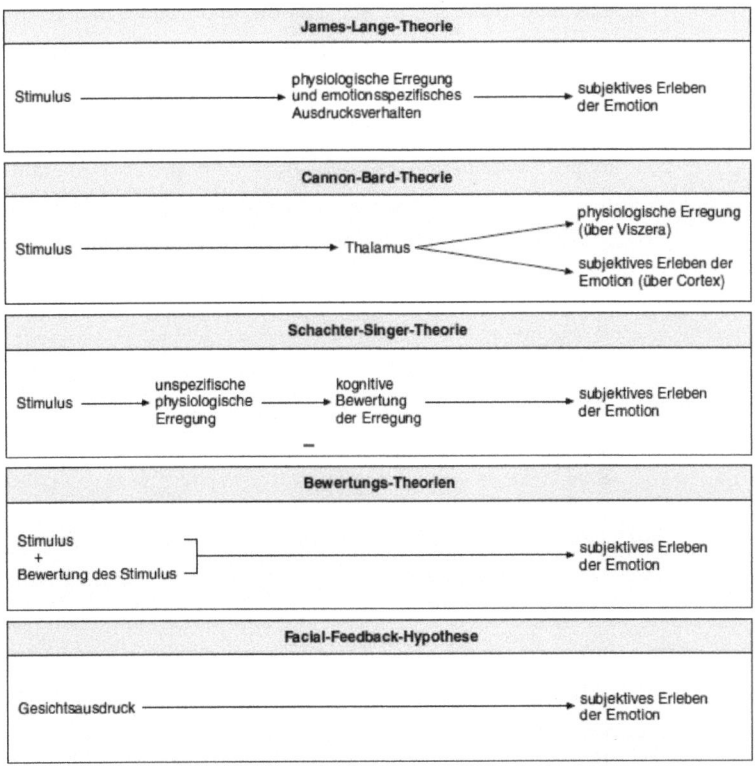

Abbildung 3 Schematisches Grundmuster der wichtigsten Emotionstheorien (Quelle: Becker-Carus, Wendt & Lay, 2017, S. 544.)

Doch auch die neurophysiologische Forschung hat sich im Bereich der Lokalisierung und Erklärung von Emotionen in den letzten Jahrzehnten weiterentwickelt.[59] So ermöglichen bildgebende Verfahren wie die funktionelle Magnetresonanztomographie (fMRT) und die Positronemissiontomographie (PET) es, Aussagen darüber zu treffen, welche Gehirnregionen bei der Emotionsentstehung aktiviert werden (Limbisches System).[60] So werden bei der Emotionsentstehung Großhirn, Zwischenhirn (beinhaltet Thalamus, Hypothalamus und Hypophyse), Mittelhirn sowie die Amygdalae aktivert.[61] Der

---

[59] Vgl. Brandstätter, Schüler, Puca & Lozo, 2018, S. 211.
[60] Vgl. Brandstätter, Schüler, Puca & Lozo, 2018, S. 211.
[61] Vgl. Becker-Carus, Wendt & Lay, 2017, S. 550; Brandstätter, Schüler, Puca & Lozo, 2018, S. 211.

Thalamus ist ein wichtiger Bestandteil der Informationsverarbeitung und steht über die Hypophyse und den Hypothalamus mit dem vegetativen Nervensystem in Verbindung.[62] So ist das Zwischenhirn an physiologischen Reizreaktionen wie Hormonausschüttungen (zum Beispiel Adrenalin, Cortisol etc.), kardiovaskuläre oder anderen körperlichen Veränderungen beteiligt.[63] Die Amygdalae erhalten wiederum über den Thalamus Informationen über Sinnesreize sowie Informationen direkt vom Riechnerv und sind maßgeblich an der Bewertung von Reizen beteiligt.[64]

2.3. Umgang und Regulation von Emotionen

Gross und Thompson (2007) fassen unter dem Begriff der Emotionsregulation alle Prozesse und Handlungen zusammen, die eine Person durchführt, um zu beeinflussen wann, wie und welche Emotionen erlebt und ausgedrückt werden.[65] Dabei können sowohl positive Emotionen hervorgerufen und verstärkt werden, als auch negative Emotionen abgeschwächt oder vermieden werden (hedonistische Motivation).[66]

Emotionsregulation geschieht oft aus Selbstschutz, um das eigene Selbstbild zu schützen (zum Beispiel Verdrängung, Distanzierung oder kognitive Umdeutung).[67] Die Emotionsregulation findet aber ebenso aus prosozialen Gründen statt, um uns vor möglichen Folgen des Emotionserlebens zu schützen oder dient der positiven Eindrucksbildung, sodass wir in bestimmten Situationen Emotionen abschwächen oder verstärken (zum Beispiel Lachen über den Witz des Chefs) oder verstärken (beispielsweise Wut bei einem Streit).[68] Ebenso kann Emotionsregulation auch zur Beeinflussung anderer Personen eingesetzt werden.[69]

---

[62] Vgl. Brandstätter, Schüler, Puca & Lozo, 2018, S. 211.
[63] Vgl. Brandstätter, Schüler, Puca & Lozo, 2018, S. 211.
[64] Vgl. Brandstätter, Schüler, Puca & Lozo, 2018, S. 211-212.
[65] Vgl. Eder & Brosch, 2017, S.212.
[66] Vgl. Eder & Brosch, 2017, S.212-213.
[67] Vgl. Eder & Brosch, 2017, S.213.
[68] Vgl. Bak, 2019, S.156.
[69] Vgl. Nerdinger, Blickle & Schaper, 2018, 636.

Im beruflichen Umfeld, besonders im Dienstleistungssektor, werden wir mit klaren Emotionsnormen konfrontiert, deren Erfüllung eng verbunden mit einer erfolgreichen Karriere ist.[70] Es können hierbei zwei Arten von Emotionsnormen unterschieden werden: **Darstellungsregeln**, welche den Ausdruck von Emotionen betreffen, und **Gefühlsregeln**, welche sich auf das Erleben von Emotionen beziehen.[71] Je nach Berufsgruppe gelten hierbei unterschiedliche Normen.[72] So wird beispielsweise von einer Verkäuferin/einem Verkäufer erwartet, sich stets höflich und freundlich gegenüber Kunden/Kundinnen zu verhalten, selbst wenn diese sie/ihn verärgert. Dagegen wird zum Beispiel von einem/einer Ausbildenden bei der Bundeswehr eher erwartet, autoritär zu wirken und daher weniger positive Emotionen zu zeigen.

In diesem Zusammenhang führte Hochschild (1990) den Begriff der **Emotionsarbeit** ein, welcher sich auf die Notwendigkeit der Emotionsregulation im Arbeitsumfeld bezieht.[73] Hochschild unterscheidet hierbei zwei Strategien:[74]

Surface acting (Oberflächenhandeln): Bei dieser Strategie wird versucht den Emotionsausdruck zu unterdrücken, sodass dieser den gewünschten Darstellungsnormen entspricht.[75] Das subjektive Emotionserleben bleibt hierbei unverändert.[76] In unserem Beispiel würde der/die Verkäufer/in also trotz Ärger über einen/eine unhöfliche/n Kunden/Kundin ein Lächeln aufsetzen und sich freundlich und höflich gegenüber dem/der Kunden/Kundin verhalten.

Deep acting (Tiefenhandeln): Bei dieser Strategie wird versucht, das subjektive Emotionserleben zu beeinflussen, um das Emotionserleben an den gewünschten Emotionsausdruck anzupassen.[77] Deep acting setzt hierbei schon früh im Emotionsentstehungsprozess ein und wirkt sich direkt auf das subjektive Empfinden aus.[78] Bezogen auf unsere Beispiel würde der/die Verkäufer/in versuchen, sich bei aufkommendem Ärger zu sagen, dass unhöfliche Kunden Teil des Berufs sind und der/die Kunde/Kundin den Ärger nicht wert ist. Auf diese

---

[70] Vgl. Brandstätter, Schüler, Puca & Lozo, 2018, S. 226.
[71] Vgl. Nerdinger, Blickle & Schaper, 2018, 636.
[72] Vgl. Nerdinger, Blickle & Schaper, 2018, 636.
[73] Vgl. Brandstätter, Schüler, Puca & Lozo, 2018, S. 279.
[74] Vgl. Nerdinger, Blickle & Schaper, 2018, 637.
[75] Vgl. Nerdinger, Blickle & Schaper, 2018, 637.
[76] Vgl. Brandstätter, Schüler, Puca & Lozo, 2018, S. 227.
[77] Vgl. Nerdinger, Blickle & Schaper, 2018, 637.
[78] Vgl. Brandstätter, Schüler, Puca & Lozo, 2018, S. 227.

Weise würde der/die Verkäufer/in das Emotionserleben beeinflussen, so dass der zeitlich folgende Emotionsausdruck dem Erleben gemäß ausfällt, das heißt die Darstellungsregeln stimmen mit Gefühlsregeln überein.[79] Ebenso könnte der/die Verkäufer/in sich aber auch bewusst Erinnerung, Bilder oder andere Gedanken, die die gewünschte Emotion hervorrufen, vorstellen, um so Einfluss auf das Emotionserleben zu nehmen.[80]

---

[79] Vgl. Brandstätter, Schüler, Puca & Lozo, 2018, S. 227.
[80] Vgl. Nerdinger, Blickle & Schaper, 2018, 637.

3. Aufgabe A3

3.1. Explizite und implizite Motive

Es werden nach McClelland et al. (1935) explizite und implizite Motive unterschieden.[81]

Implizite Motive basieren dabei auf frühkindlichen, vor-sprachlichen affektiven Erfahrungen, die mit bestimmten Anreizen gemacht wurden.[82] So empfinden wir bei einer erfolgreich gemeisterten Herausforderung Stolz als positive affektive Erfahrung (Schwierigkeitsanreize in Bezug auf das Leistungsmotiv).[83] Ebenso genießen wir es, wenn wir von anderen gemocht werden (Bindungsanreiz in Bezug auf das Anschlussmotiv) oder fühlen und stark und selbstbewusst, wenn wir in der Lage sind andere zu beeinflussen (Kontrollanreiz in Bezug auf das Machtmotiv).[84] Implizite Motive sind unbewusst und werden auch affektgesteuerte Bedürfnisse genannt.[85] Sie werden durch motivrelevante, intrinsische Anreize befriedigt[86] und sagen Verhalten in offenen Situationen vorher (operantes Verhalten).[87]

Explizite Motive dagegen werden erst später in der Kindheit erlernt und beruhen auf bewussten Selbstzuschreibungen, welche auf Anforderungen und Erwartungen, die durch gesellschaftliche Normen oder durch die engsten

---

[81] Vgl. Bak, 2019, S.128.
[82] Vgl. Brandstätter, Schüler, Puca & Lozo, 2018, S. 82.
[83] Vgl. Puca & Schüler, 2017, S.232.
[84] Vgl. Puca & Schüler, 2017, S.232.
[85] Vgl. Brandstätter, Schüler, Puca & Lozo, 2018, S. 83.
[86] Vgl. Bak, 2019, S.129.
[87] Vgl. Brandstätter, Schüler, Puca & Lozo, 2018, S. 83.

Bezugspersonen hervorgehen werden.[88] Sie sind damit Teil des Selbstkonzeptes.[89] Explizite Motive werden durch extrinsische, sozial-evaluative Anreize angesprochen, beispielsweise wenn wir für besondere Leistungen die Anerkennung unseres/unserer Vorgesetzten bekommen möchten (Leistungsmotiv) oder stolz auf die Anzahl der Follower auf sozialen Plattformen sind (Anschlussmotiv).[90] Es handelt sich hierbei um kognitive Bedürfnisse, da sie bewusst sind und somit auch im Gegensatz zu impliziten Motiven über Fragebögen erfasst werden können.[91] Sie prognostizieren eher klar strukturierte Situationen (respondentes Verhalten).[92]

3.2. Motivkongruenz und Motivinkongruenz

Zwar sind implizite und explizite Motive zwei voneinander unabhängige Motivationssysteme, jedoch wirken sie funktional zusammen und interagieren miteinander.[93]

3.2.1. Motivkongruenz

Motivkongruenz: Hierbei stimmen implizite und explizite Motive in ihrer Ausprägung überein.[94] Es werden hierbei zwei Typen unterschieden:[95]

- **Motivkongruenztyp I:** Bei diesem Typ ist sowohl die Ausprägung des impliziten Motivs niedrig als auch die des expliziten Motivs.[96] Am Beispiel des Anschlussmotivs wäre dies eine Person, die keinen Anreiz darin sieht

---

[88] Vgl. Brandstätter, Schüler, Puca & Lozo, 2018, S. 83.
[89] Vgl. Brandstätter, Schüler, Puca & Lozo, 2018, S. 83.
[90] Vgl. Bak, 2019, S.129; Puca & Schüler, 2017, S.232.
[91] Vgl. Brandstätter, Schüler, Puca & Lozo, 2018, S. 83.
[92] Vgl. Brandstätter, Schüler, Puca & Lozo, 2018, S. 83.
[93] Vgl. Puca & Schüler, 2017, S.232.
[94] Vgl. Brandstätter, Schüler, Puca & Lozo, 2018, S. 91.
[95] Vgl. Brandstätter, Schüler, Puca & Lozo, 2018, S. 91.
[96] Vgl. Brandstätter, Schüler, Puca & Lozo, 2018, S. 91.

von anderen gemocht zu werden, und gleichzeitig auch keinen Wert darauf legt, wie viele Freund/innen sie auf sozialen Medien hat.

- **Motivkongruenztyp II:** Bei diesem Typ ist die Ausprägung des impliziten Motivs und des expliziten Motivs hoch.[97] Am Beispiel des Anschlussmotivs wäre diese eine Person, die danach strebt viele Kontakte zu schließen, und gleichzeitig eine großen Anreiz darin sieht viele Follower auf sozialen Medien zu haben.

3.2.2. Motivinkongruenz

Motivinkongruenz: Motivinkongruenz meint die mangelnd übereinstimmende Ausprägung impliziter und expliziter Motive.[98] Es werden hierbei ebenso zwei Typen unterschieden:[99]

- **Motivinkongruenztyp I:** Bei diesem Typ ist die Ausprägung des impliziten Motivs niedrig, jedoch die des expliziten Motivs hoch.[100] Am Beispiel des Anschlussmotivs wäre dies eine Person, die danach strebt viele Kontakte zu schließen, aber gleichzeitig keine Freunde daran hat, etwas über sich selbst mit anderen zu teilen oder etwas von anderen zu erfahren.
- **Motivinkongruenztyp II:** Bei diesem Typ ist die Ausprägung des impliziten Motivs niedrig, die des expliziten Motivs jedoch hoch.[101] Am Beispiel des Anschlussmotivs wäre dies eine Person, die nicht als Einzelgänger/in gesehen werden möchte, der/die keine Freunde hat, jedoch sehr introvertiert und zurückgezogen ist.

3.2.3. Negative Folgen von Motivinkongruenz

[97] Vgl. Brandstätter, Schüler, Puca & Lozo, 2018, S. 91.
[98] Vgl. Brandstätter, Schüler, Puca & Lozo, 2018, S. 91.
[99] Vgl. Brandstätter, Schüler, Puca & Lozo, 2018, S. 91.
[100] Vgl. Puca & Schüler, 2017, S.232.
[101] Vgl. Puca & Schüler, 2017, S.232.

Es wird vermutet, dass Motivinkongruenz langzeitig negative Folgen auf Individuen haben kann.[102] Motivinkongruenz ist ein nicht zwingend bewusster Stressor, welcher sich dauerhaft auswirkt, da permanent ein intrapsychischer Konflikt zwischen unterschiedlichen implizit und explizit motivierte Zielen und Bedürfnissen vorherrscht.[103] In einer Studie von Kehr (2004) konnte festgestellt werden, dass Motivinkongruenz volitionale Ressourcen mindert und das emotionales Wohlbefinden negativ beeinflusst.[104]

3.2.4. Faktoren für Motivinkongruenz

Auf der Suche nach möglichen Faktoren für Motivinkongruenz wurde zunächst erforscht und hinterfragt, wie Motivinkongruenz entsteht.[105] McClelland et al. (1989) sehen an, dass die implizite und affektive Motivanregung nicht gut genug wahrgenommen, weshalb deren Informationen folglich nicht in die explizite Zielsetzung mit einfließen.[106] Ebenso konnte gezeigt werden, dass ein starker Fokus auf das soziale Umfeld Motivinkongruenz begünstigen kann, da nicht genug Aufmerksamkeit den innerhalb der Person liegenden Informationsquellen (darunter beispielsweise Affekte) zugewandt wird.[107] So konnten Trash et al. zeigen, dass Motivkongruenz besonders bei Menschen festzustellen ist, die ein ausgeprägtes non-verbales Körpergefühl besitzen, aber weniger dazu neigen, die sich an sozialen Normen und Erwartungen des sozialen Umfelds zu orientieren (geringe Ausprägung der Selbstüberwachung).[108] Des Weiteren konnte nachgewiesen werden, dass es handlungsorientierte im Gegensatz zu lageorientierten Menschen besser gelingt, negative Emotionen nach Misserfolgen zu senken und sich nach Frustrationen zu entspannen, was wiederum wichtig ist, um Zugriff aus das implizite Motivationssystem zu haben.[109]

---

[102] Vgl. Brandstätter, Schüler, Puca & Lozo, 2018, S. 92.
[103] Vgl. Baumann, Kaschel & Kuhl, 2005; Puca & Schüler, 2017, S.232.
[104] Vgl. Kehr, 2004.
[105] Vgl. Brandstätter, Schüler, Puca & Lozo, 2018, S. 92.
[106] Vgl. Brandstätter, Schüler, Puca & Lozo, 2018, S. 92.
[107] Vgl. Brandstätter, Schüler, Puca & Lozo, 2018, S. 92.
[108] Vgl. Thrash, Elliot & Schultheiss, 2010.
[109] Vgl. Brunstein, 2001.

3.2.5. Präventions- oder Interventionsmaßnahmen

Die Studienlage zu möglichen Präventions- oder Interventionsmaßnahmen ist bisher begrenzt.[110]

Schüler et al. sehen emotionale Bewältigungsstrategien als Interventionsmöglichkeit bei Motivinkongruenz, um deren negative Folgen auf das Wohlbefinden zu vermindern.[111] Darunter beispielsweise „emotional disclosure", also dem Mitteilen von Emotionen[112]. So könnte man versuchen seine Gefühle schriftlich auszudrücken.[113]

Als präventive Maßnahme benennen Schultheiss und Brunstein (1999) das Imaginieren von Zielen als Möglichkeit Motivinkongruenz zu vermeiden.[114] Durch eine Visualisierung der Zielverfolgung werden affektive Verbindungen zum Ziel bewusster und es kann ein besserer Zugang zu impliziten Motiven als rationale Abwägungsprozesse hergestellt werden.[115] Dadurch können sowohl implizite als auch explizite Motive bei der Zielsetzung berücksichtigt werden.[116]

Auf der Basis der Methode des Imaginierens von Zielen von Schultheiss und Brunstein entwickelten Job und Brandstätter 2009 eine Weiterentwicklung dieser Methode.[117] Auch hier ist es das Ziel, implizite Motive den expliziten Motiven anzupassen, indem verschiedene Optionen eines Zieles visualisiert werden.[118] Hierbei soll sich bewusst auf motiv-spezifische, affektive Anreize (Leistungs-, Anschluss-, Machtmotiv) fokussiert werden.[119] So würde man sich bewusst machen, ob das Ziel mit Freude oder Befriedigung (Leistungsmotiv) verbunden ist, ob es Glück oder soziale Erfüllung bringen würde (Anschlussmotiv) oder aber ob man sich stark oder selbstbewusster fühlen würde (Machtmotiv).[120] Job und Brandstätter konnten zeigen, dass auf diese Weise die Zielsetzung mehr mit

---

[110] Vgl. Brandstätter, Schüler, Puca & Lozo, 2018, S. 93.
[111] Vgl. Schüler, Job, Fröhlich & Brandstätter, 2009.
[112] Vgl. McInnerney, 2019; Schüler, Job, Fröhlich & Brandstätter, 2009.
[113] Vgl. McInnerney, 2019.
[114] Vgl. Schultheiss & Brunstein, 1999.
[115] Vgl. Schultheiss & Brunstein, 1999.
[116] Vgl. Schultheiss & Brunstein, 1999.
[117] Vgl. Brandstätter, Schüler, Puca & Lozo, 2018, S. 93.
[118] Vgl. Job & Brandstätter, 2009.
[119] Vgl. Job & Brandstätter, 2009.
[120] Vgl. Brandstätter, Schüler, Puca & Lozo, 2018, S. 93.

impliziten Motiven übereinstimmt als ohne die Analyse der verschiedenen affektiven Anreize.[121]

Letztlich kann allein das Bewusstsein darüber, dass explizite und implizite Motive inkongruent sein können, dabei helfen, Motivinkongruenz vorzubeugen oder aufzuheben.[122] So sollte man stets achtsam sein und seine Ziele immer wieder hinterfragen und reflektieren, ob die Ziele, die man aktuell verfolgt, auch affektive Anreize bieten.[123] Ebenso sollte man prüfen, inwieweit das soziale Umfeld oder soziale Normen die individuelle Zielsetzung beeinflussen und evaluieren, ob diese Ziele überhaupt mit den eigenen impliziten Motiven übereinstimmen.[124] Rheinberg (2004) schlägt zudem vor zu reflektieren, welche Tätigkeiten und Aktivitäten ohne Belohnung immer wieder ausgeführt werden und welche Erfolge wider Erwarten nicht glücklich gemacht haben.[125]

---

[121] Vgl. Job & Brandstätter, 2009.
[122] Vgl. Brandstätter, Schüler, Puca & Lozo, 2018, S. 94.
[123] Vgl. Brandstätter, Schüler, Puca & Lozo, 2018, S. 94.
[124] Vgl. Brandstätter, Schüler, Puca & Lozo, 2018, S. 94; Thrash, Elliot & Schultheiss, 2010.
[125] Vgl. Brandstätter, Schüler, Puca & Lozo, 2018, S. 94.

Literaturverzeichnis

Achtziger, A. & Gollwitzer, P. M. (2009). Rubikonmodell der Handlungsphasen.
In V. Brandstätter (Hrsg.), *Handbuch der allgemeinen Psychologie -
Motivation und Emotion* (S. 150–156). Göttingen, Deutschland: Hogrefe.

Bak, P. M. (2019). *Lernen, Motivation und Emotion: Allgemeine Psychologie II –
das Wichtigste, prägnant und anwendungsorientiert (Angewandte
Psychologie Kompakt)* (1. Aufl. 2019 Aufl.). Berlin, Deutschland:
Springer.

Baumann, N., Kaschel, R. & Kuhl, J. (2005). Striving for Unwanted Goals:
Stress-Dependent Discrepancies Between Explicit and Implicit
Achievement Motives Reduce Subjective Well-Being and Increase
Psychosomatic Symptoms. *Journal of Personality and Social
Psychology, 89*(5), 781–799. https://doi.org/10.1037/0022-3514.89.5.781

Becker-Carus, C., Wendt, M. & Lay, M. (2017). *Allgemeine Psychologie: Eine
Einführung* (2. Aufl.). Berlin, Deutschland: Springer.

Brandstätter, V., Schüler, J., Puca, R. M. & Lozo, L. (2018). *Motivation und
Emotion: Allgemeine Psychologie für Bachelor* (2. Aufl.). Berlin,
Deutschland: Springer.

Brunstein, J. C. (2001). Persönliche Ziele und Handlungs- versus
Lageorientierung. *Zeitschrift für Differentielle und Diagnostische
Psychologie, 22*(1), 1–12. https://doi.org/10.1024//0170-1789.22.1.1

Eder, A. B. & Brosch, T. (2017). Emotion. In J. Müsseler, M. Rieger & M. Lay

(Hrsg.), *Allgemeine Psychologie* (3. Aufl., S. 185–222). Berlin

Heidelberg, Deutschland: Springer.

Goschke, T. (2016). Volition und kognitive Kontrolle. In M. Rieger, M. Lay & J.

Müsseler (Hrsg.), *Allgemeine Psychologie* (3. Aufl., S. 251–308).

Heidelberg Berlin, Deutschland: Springer.

Job, V. & Brandstätter, V. (2009). Get a Taste of Your Goals: Promoting Motive-

Goal Congruence Through Affect-Focus Goal Fantasy. *Journal of*

Personality, 77(5), 1527–1560. https://doi.org/10.1111/j.1467-

6494.2009.00591.x

Kehr, H. M. (2004). Implicit/Explicit Motive Discrepancies and Volitional

Depletion among Managers. *Personality and Social Psychology Bulletin,*

30(3), 315–327. https://doi.org/10.1177/0146167203256967

Myers, D. G. (2015). *Psychologie* (3., vollständig überarbeitete und erweiterte

Auflage). Berlin Heidelberg, Deutschland: Springer.

Nerdinger, F. W., Blickle, G. & Schaper, N. (2018). *Arbeits- und*

Organisationspsychologie (4., vollständig überarbeitete Auflage). Berlin,

Deutschland: Springer.

Puca, R. M. & Schüler, J. (2017). Motivation. In J. Müsseler, M. Rieger & M. Lay (Hrsg.), *Allgemeine Psychologie* (3. Aufl., S. 223–246). Berlin Heidelberg, Deutschland: Springer.

Schüler, J., Job, V., Fröhlich, S. M. & Brandstätter, V. (2009). Dealing with a 'hidden stressor': emotional disclosure as a coping strategy to overcome the negative effects of motive incongruence on health. *Stress and Health, 25*(3), 221–233. https://doi.org/10.1002/smi.1241

Schultheiss, O. C. & Brunstein, J. C. (1999). Goal Imagery: Bridging the Gap Between Implicit Motives and Explicit Goals. *Journal of Personality, 67*(1), 1–38. https://doi.org/10.1111/1467-6494.00046

Strobach, T. & Wendt, M. (2019). *Allgemeine Psychologie - Ein Überblick für Psychologiestudierende und -interessierte*. Berlin Heidelberg, Deutschland: Springer Nature.

Thrash, T. M., Elliot, A. J. & Schultheiss, O. C. (2010). Methodological and Dispositional Predictors of Congruence Between Implicit and Explicit Need for Achievement. *Personality and Social Psychology Bulletin, 33*(7), 961–974. https://doi.org/10.1177/0146167207301018

Internetquellen

McInnerney, D. (2019, 1. August). Emotional disclosure as a therapeutic

intervention in palliative care: a scoping review protocol. Abgerufen am

14. Juni 2021, von https://bmjopen.bmj.com/content/9/8/e031046